19 Février 1883.

COLLECTION DE M. CH. DE BOISSIÈRE

TABLEAUX

ANCIENS

VENTE HOTEL DROUOT, SALLE N° 8

Le Lundi 19 Février 1883

A DEUX HEURES

EXPOSITIONS

PARTICULIÈRE
Le Samedi 17 Janvier 1883

PUBLIQUE
Le Dimanche 18 Février 1883

DE UNE HEURE A CINQ HEURES

Me Paul CHEVALLIER
COMMISSAIRE-PRISEUR
SUCCESSEUR DE Mr CH. PILLET
rue Grange-Batelière, 10

MM. HARO et FILS
PEINTRES-EXPERTS
rue Visconti, 14
et rue Bonaparte, 20

1883

MOTTEROZ, Admin.-Direct. des Imprimeries réunies, **A**, rue Mignon, 2, Paris.

CATALOGUE

DE LA

COLLECTION DE M. CH. DE BOISSIÈRE

COMPOSÉE DE

TABLEAUX

ANCIENS

DONT LA VENTE AURA LIEU

HOTEL DROUOT, SALLE N° 8

Le Lundi 19 Février 1883

A DEUX HEURES

EXPOSITIONS

PARTICULIÈRE	PUBLIQUE
Le Samedi 17 Février 1883	Le Dimanche 18 Février 1883

DE UNE HEURE A CINQ HEURES

Mᵉ Paul CHEVALLIER	MM. HARO ✻ et FILS
COMMISSAIRE-PRISEUR	PEINTRES-EXPERTS
SUCCESSEUR DE Mᵉ CH. PILLET	rue Visconti, 14
rue Grange-Batelière, 10	et rue Bonaparte, 20

1883

CE CATALOGUE SE DISTRIBUE

A PARIS CHEZ

Mᵉ Paul CHEVALLIER	MM. HARO ❄ ET FILS
COMMISSAIRE-PRISEUR	PEINTRES-EXPERTS
SUCCESSEUR DE Mᵉ CH. PILLET	rue Visconti, 14
10, rue Grange-Batelière.	et rue Bonaparte, 20

CONDITIONS DE LA VENTE

Elle sera faite au comptant.

Les acquéreurs payeront *cinq pour cent* en plus du prix d'adjudication.

La collection que nous allons, selon la formule consacrée, livrer aux hasards des enchères publiques a été formée depuis plus de trente années par M. Charles de Boissière.

Cet amateur passionné des maîtres flamands et hollandais a su rechercher avec patience et discernement les sujets aimables et surtout les compositions gracieuses et de petite dimension, pouvant ainsi les placer chez lui facilement, et les avoir toujours bien en vue. Ajoutons que bon nombre de ces tableaux proviennent de collections connues telles que les galeries Northwick (de Londres), Van Saceghen (de Gand), Lefouleur, Tardieu, de Morny, Leroy d'Étiolles, etc., etc.

Nous avons cru devoir reproduire presque en entier l'ancien catalogue, respectant en grande partie les attributions et les désignations antérieures. Les amateurs sauront apprécier à leur juste valeur, dans cette collection digne de leur attention et de leur sérieux intérêt, les beaux spécimens des maîtres qui, même réputés secondaires, deviennent de plus en plus rares et ainsi plus précieux.

HARO.

TABLEAUX

ANCIENS

DÉSIGNATION

TABLEAUX ANCIENS

BEGA (Kornelis Begyn dit).

Né en 1620, mort en 1664.

(ÉCOLE HOLLANDAISE)

1. — Intérieur de cabaret hollandais.

Trois artisans, sordidement vêtus, sont réunis dans un misérable intérieur. L'un, assis sur un escabeau, se dispose gravement à allumer sa pipe; un second, accoté contre le baquet renversé qui sert de table, tient un pot à bière et semble regretter de le voir vide; le troisième, assis au second plan, fume et regarde ses deux compagnons.

Signé, en bas, à gauche : C. Bega.

B. — H., 0m,32. L., 0m,27.

BERCHEM (Nicolaas).

Né en 1624, mort en 1683.

(ÉCOLE HOLLANDAISE)

2. — **La halte. Paysage, figures et animaux.**

Dans un site très pittoresque, des chasseurs viennent de s'arrêter devant une habitation adossée à un massif de rochers sur lequel sont assises d'autres constructions. Au centre de la composition, deux cavaliers, dont l'un, sur un cheval blanc, sonne vigoureusement de son cornet pour rallier les retardaires; à gauche, un chasseur, assis sur une pierre, tient son fusil entre ses jambes et semble accablé de lassitude; à droite, deux valets découplent les chiens. Le ciel sombre et couvert fait pressentir un orage.

T. — H., 0m,62. L., 0m,52.

BERGHEN (Dyck Van).

(ÉCOLE HOLLANDAISE)

3. — **Paysage.**

Un troupeau de vaches, conduites par un jeune garçon, passe à côté d'une fontaine monumentale en ruines; un chien les précède; plus loin, un villageois chasse son âne devant lui. Joli fond de paysage.

Signé en bas, à droite sur un chapiteau renversé : Van Berghen.

T. — H., 0m,41. L., 0m,30

BOONEN (Arnold).

Né en 1669, mort en 1729.

(ÉCOLE HOLLANDAISE)

4. — La Madeleine dans la grotte de la Sainte-Baume.

Dans la grotte ouverte sur la campagne, la nuit, à la lueur d'une lampe, sainte Marie-Madeleine est en méditation devant un livre sacré. Ses yeux se sont détachés de sa lecture et elle semble en extase. A droite, dans la pénombre, sur la table une tête de mort et un sablier.

Dans ce tableau précieux, si bien conservé et si délicat Boonen a égalé, s'il n'a pas surpassé, son maître Schalken.

Signé, à gauche, en haut : A. Boonen.

T. — H., 0m,46. L., 0m,35.

BRAKENBURG.

Né en 1650, mort en 1702.

(ÉCOLE HOLLANDAISE)

5. — Les plaisirs du village.

Deux couples, qui déjà paraissent avoir quelque peu sacrifié à Bacchus, sont attablés dans un intérieur rustique et prennent joyeusement leurs ébats. Derrière eux, une servante s'arrête à les écouter et partage la gaieté générale : dans le fond, à gauche, une femme, appuyée sur une canne, marque les consommations sur le mur ; à droite, un vieux paysan contemple la scène.

Sur le premier plan, trois beaux enfants sont groupés autour d'un tonneau.

Signé, à droite, en bas : R. Brakenburg.

T. — H., 0m,49. L., 0m,56.

BRAUWER (Adrien).

Né en 1608, mort en 1640.

(École hollandaise)

6. — La rixe.

Deux buveurs se sont pris aux cheveux et se gourment d'importance.

Signé, en bas, à gauche, sur le tonneau, du monogramme AB.

(Galerie Van Saceghen.)

B. — H., 0m,18. L., 0m,13.

BRAUWER (Adrien).

7. — Intérieur de cabaret.

Un paysan, debout, se chauffe en tournant le dos à la cheminée; il regarde d'un air moqueur un jeune homme, assis sur un banc, qui, d'une main, porte un verre à ses lèvres, et, de l'autre, en tient un déjà vide.

Deux personnages sont près du feu; un autre, à droite, s'est retiré à l'écart.

B. — H., 0m,34. L., 0m,26.

BREUGHEL.

8. — La fuite en Égypte.

Sur la lisière d'un bois, la sainte Vierge, tenant l'Enfant divin, est assise au pied d'un grand chêne; près d'elle, saint Joseph; à terre, des hardes, le bât de la monture, etc. Exécution d'une grande finesse.

B. — H., 0^m,27. L., 0^m,20.

BREUGHEL (Johann, dit de Velours).

Né en 1589, mort en 1642.

(École flamande)

9. — Le relai; intérieur de village.

A gauche, deux hommes attellent les chevaux à une voiture couverte, près de laquelle se tient un groupe de personnages; à droite, un troupeau de vaches vient s'abreuver à une mare; au loin, des arbres, des habitations et une quantité de figures.

Collection de l'abbé Lefouleur. A été gravé.

C. — H., 0^m,23. L., 0^m, .

BREUGHEL (Johann, dit de Velours).

10. — L'été.

Sur une rivière qui traverse un village, des embarcations chargées de monde, sur la berge à droite des arbres, des constructions et une église. Nombreuses petites figures.

Ce tableau et le suivant, son pendant, appartiennent aussi bien au domaine de la curiosité qu'à celui de l'art proprement dit.

Exécution du fini le plus précieux.

C. — H., 0m,19. L., 0m,28.

BREUGHEL (Johann, dit de Velours).

11. — L'Hiver.

Sur un canal gelé, un traîneau attelé, de nombreux patineurs et des bateaux pris dans la glace; sur les rives, des habitations et des arbres dépouillés.

C. — H., 0m,19. L., 0m,28.

CHARDIN (Jean-Baptiste-Siméon).

Né en 1699, mort en 1779.

(ÉCOLE FRANÇAISE)

12. — Perdrix.

Une perdrix et une poire de Catillard sont posées sur une sorte d'entablement, pratiqué dans l'épaisseur d'un mur; près de la pièce de gibier, un collet.
Signé, en bas, à gauche : Chardin 1748.

T. — H., 0m,37. L., 0m,45.

COQUES (Gonzales).

Né en 1614, mort en 1684.

(ÉCOLE FLAMANDE)

13. — Portrait de dame de qualité.

Une femme, élégamment habillée d'une robe de soie mauve et à demi drapée dans une mante noire, est représentée assise, le bras droit appuyé sur le socle d'un pilastre et tenant un petit chien sur ses genoux.

C. — H., 0m,22. L., 0m,16.

DECKER (CONRAD).

Né en 1637, mort en 1680.

(ÉCOLE HOLLANDAISE)

14. — Paysage.

Une habitation rustique, affreusement délabrée et menaçant ruine de toutes parts, occupe la droite du tableau ; derrière, de grands arbres. Sur le devant un puits avec ses accessoires, dans un état de vétusté en parfaite harmonie avec le reste de la propriété : à gauche, une mare, entourée de buissons et de roseaux. A l'une des fenêtres de la maison, une femme étend du linge sur un balcon de bois vermoulu ; dans un réduit, construit en planches, on aperçoit un autre personnage ; au premier plan, des poules, égaient cette pittoresque composition. Ciel nuageux.

T. — H., $0^{m},80$. L., $0^{m},66$.

DELEN (THIERRY VAN).

Né vers 1600, mort en 1640.

(ÉCOLE HOLLANDAISE)

15. — Palais italien du seizième siècle.

La vue est prise d'une cour intérieure, à laquelle on accède par une sorte de portique surmonté d'une terrasse. A gauche, le pavillon d'entrée, d'une architecture très ornementée, et le perron d'honneur ; à droite, de vastes bâtiments en retour.

Plusieurs personnages, richement vêtus, sont groupés dans la cour, dallée de marbre, au milieu de laquelle est une vasque avec jet d'eau.

B. — H., $0^{m},66$. L., $0^{m},98$.

DIETRICH (Christian-William-Ernest, dit DIETRICY).

Né en 1712, mort en 1774.

(ÉCOLE ALLEMANDE)

16. — Un moine.

Belle tête de vieillard, énergique et pensive, à la barbe et aux cheveux blancs.

Bon spécimen de cet artiste qui a su s'approprier tous les genres.

T. — H., 0m,21. L., 0m,18.

DYCK (Antoine Van).

Né en 1599, mort en 1641.

(ÉCOLE FLAMANDE)

17. — Portrait de jeune femme.

Une jeune femme, aux traits fins et distingués, coiffée avec goût et vêtue d'une robe brune dont les manches flottantes, ouvertes et relevées, sont doublées de soie rose, est représentée assise, tenant des fleurs de la main gauche.

Galerie du cardinal Fesch.

T. marouflée sur panneau. — H., 0m,25. L., 0m,19.

EECKHOUT (Gerbrand Van den).

Né en 1621, mort en 1674.

(École hollandaise)

18. — L'adoration des Mages.

Auprès de la crèche, la Vierge, tenant l'Enfant divin, est assise parmi d'humbles objets; derrière, est saint Joseph. L'un des Mages, couvert d'un manteau blanc, s'est prosterné devant le Sauveur et l'adore, en lui présentant l'encens ou la myrrhe dans un vase d'or d'un travail précieux; les deux autres, vêtus de riches costumes orientaux, attendent, suivis de serviteurs, d'esclaves et d'hommes armés.

Galerie Northwick, de Londres.

B. — H., 0m,58. L., 0m,46.

FALENS (Charles Van).

Né en 1684, mort en 1733.

(École flamande)

19. — Un manège en plein air.

Un jeune homme, montant un cheval blanc, reçoit une leçon d'équitation d'un autre cavalier placé derrière lui; un serviteur attend, debout, près du pilier; à droite, des valets d'écurie tiennent des chevaux en main.

Plusieurs personnages, richement vêtus, assistent à la leçon. Sur le premier plan, deux enfants retiennent des chiens qui cherchent à s'élancer l'un sur l'autre et deux mendiants accroupis sollicitent la charité publique.

Fond de paysage.

B. — H., 0m,53. L., 0m,46.

GREUZE (Jean-Baptiste. — Attribué à).

Né en 1725, mort en 1805.

(ÉCOLE FRANÇAISE)

20. — **Le retour de la chasse. Esquisse.**

T. — H., 0m,53. L., 0m,62.

GUARDI (Francesco).

Né en 1712, mort en 1793.

(ÉCOLE ITALIENNE)

21. — **Un canal. Venise.**

A gauche, des maisons baignant dans l'eau ; à droite, un quai sur lequel s'élève une église avec son campanile : à l'horizon, la Salute.

De nombreuses gondoles sillonnent le canal.

Charmant petit tableau d'une exécution spirituelle.

T. — H., 0m,36. L., 0m,47.

HEUSCH (Guillaume de).

Né en 1638, mort en 1712.

(École hollandaise)

22. — **Paysage italien.**

Dans un chemin, bordé par des terrains couverts de broussailles, un villageois, monté sur un âne, s'est arrêté et semble adresser la parole à un autre paysan qui conduit une vache.

Des rochers et de grands arbres occupent la droite du panneau ; lointain montagneux.

Collection Leroy d'Etiolles, où il figurait comme étant de Both, d'Italie.

B. — H., 0m,23. L., 0m,31.

HOOGE (Pieter de. — Attribué à).

(École hollandaise)

23. — **La partie de musique.**

Dans une salle, dallée de marbre noir et blanc, une jeune femme, assise devant une table, près d'une fenêtre, chante, les yeux fixés sur un cahier de musique; debout, près d'elle, un jeune cavalier l'accompagne en jouant de la mandoline. Derrière, est un clavecin ouvert.

A droite, une porte ouverte laisse voir un escalier de trois marches, menant à un vestibule qui donne sur une cour intérieure.

Au premier plan est un chien.

On lit, sur le clavecin, ces deux fragments d'inscription :

. . . ET SOLEMEN
. . . BORMM
. . . LORIA . . . XCEL

Le reste est masqué par le personnage et par le dossier d'une chaise.

T. — H., 0m,71. L., 0m,62.

HUYSMANS (Cornelis).

Né en 1648, mort en 1727.

(ÉCOLE FLAMANDE)

24. — Paysage.

Au centre de la composition, un cours d'eau circule entre des rochers couverts de mousse : des collines se voient à l'horizon. Au premier plan, des femmes sont occupées à cueillir des fleurs champêtres dont elles emplissent des corbeilles.

Collection Baroilhet.

T. — H., 0m,58. L., 0m,70.

KEYSER (Théodore de).

Mort en 1630.

(École hollandaise)

25. — Portrait d'homme.

Il est vêtu d'un pourpoint noir, avec une large fraise autour du cou.

C. — H., 0m,13. L., 0m,10.

KLOMP (Albert).

Mort en 1632.

(École hollandaise)

26. — Paysage avec figures et animaux.

Un taureau, une vache et deux moutons couchés occupent le premier plan ; derrière le taureau, une femme, assise sur un âne, tient un enfant sur ses genoux et parle à un jeune berger ; à droite, un chien.

Plus loin, on aperçoit d'autres animaux dans un pâturage. Fond de paysage.

T. — H., 0m,34. L., 0m,42.

LANTARA (Simon-Mathurin).

Né en 1729, mort en 1778.

(ÉCOLE FRANÇAISE)

27. — Clair de lune.

Une arche de pont, aboutissant à une porte monumentale, est jetée sur un cours d'eau ; de chaque côté, des terrains et des arbres. Ciel chargé de nuages.

Ce petit tableau, peint avec facilité, est rempli de poésie : la clarté de la lune et ses pâles reflets y sont rendus avec une grande fidélité.

B. — H., 0m,16. L., 0m,19.

LIEVES ou LIVENS (Jean — Attribué à).

Né en 1607, mort en 1663.

(ÉCOLE HOLLANDAISE)

28. — Portrait d'un prince de la maison d'Orange.

Il est représenté somptueusement vêtu, assis près d'une table, couverte d'un riche tapis de Flandre, où sont placées les principales pièces de son armure, une tête de mort surmontée d'une branche de lierre et des parchemins, etc.

T. — H. 0m,98. L. 0m,88.

LINGELBACH (Johannes).

Né en 1625, mort en 1687.

(ÉCOLE HOLLANDAISE)

29. — Scène champêtre.

Une charrette à deux chevaux est arrêtée ; un des deux hommes monté, dans la charrette cause avec une femme qui se tient debout près de l'attelage. A gauche, un cavalier, précédant une dame également montée, parle à un paysan qui l'écoute, le bonnet à la main ; un valet et des chiens de chasse complètent ce groupe. Sur le devant, une femme, appuyée sur sa fourche, regarde les nouveaux arrivants. A droite, trois ouvriers, assis ou couchés, se reposent, tandis qu'un meunier, monté sur un cheval frison, parle à un paysan. Aux autres plans, quelques figures et une habitation d'une certaine importance.

Signé, en bas, à droite.

Ce beau tableau, comparable à un Wouwerman a toute une généalogie : il est cité dans l'ouvrage de Gault de Saint-Germain, paru en 1818, comme une des productions les meilleures et les plus complètes de Lingelbach ; à cette époque, il figurait dans la galerie Braamkamp, d'Amsterdam ; depuis, on l'a admiré pendant de longues années dans la célèbre collection Von Soceghen, de Gand.

A été gravé.

T. — H., 0m,53. L., 0m,65.

MIERIS (Willem Van).

Né en 1662, mort en 1747.

(ÉCOLE HOLLANDAISE)

30. — Le repos de Vénus.

La déesse est couchée sur un tertre recouvert d'une draperie ; à ses pieds jouent deux amours : l'un vient de prendre une flèche dans un carquois bien garni, l'autre s'apprête à bander son arc.

La scène est encadrée dans un paysage de fantaisie.

Toutes les délicatesses du pinceau de Guillaume Mieris sont réunies dans cette gracieuse composition.

B. — H., $0^m,32$. L., $0^m,39$.

MIERIS (WILLEM VAN).

31. — La toilette.

Debout devant un miroir une jeune femme, habillée d'un corsage de satin blanc et d'une jupe de velours noir, vient de se parer d'un collier de perles; derrière elle, une suivante négresse tient un coffret à bijoux; un vêtement de velours rouge, bordé d'hermine, est jeté négligemment sur une chaise, près d'une table couverte d'un tapis du Levant.

Dans une autre pièce, au fond, à droite, un personnage lit, assis devant une table.

Signé en toutes lettres en haut du tableau.

B. — H., $0^m,31$. L., $0^m,24$.

MIERIS (Willem Van).

32. — Portrait de Guillaume Mieris.

L'artiste, vêtu d'un pourpoint à manches à crevés et coiffé d'un feutre, est accoudé à une fenêtre ouverte. Il est en train de bourrer une longue pipe. Sur l'appui de la fenêtre, couvert en partie d'un riche tapis de Smyrne, on voit un verre de Bohême et une feuille de papier contenant du tabac. Dans le fond un chevalet.

A été gravé.

Peinture très fine et très vigoureuse tout à la fois.

B. — H., 0m,19. L., 0m,14.

MONNOYER (Jean-Baptiste).

Né en 1634, mort en 1699.

(ÉCOLE FRANÇAISE)

33. — Bouquet de fleurs.

Des œillets, un rameau de campanule, des belles-de-jour, des pyrèthres et quelques autres fleurs sont groupés sans apprêt dans un vase de cristal.

T. — H., 0m,43. L., 0m,37.

NEER (Aart, Arnould ou Arthus Van der).

Les historiens ne sont pas plus d'accord sur les dates de sa naissance et de sa mort que sur son prénom. Le nom de son maître est inconnu. D'après Gault de Saint-Germain, il serait né à Amsterdam en 1619 et mort en 1683 ; selon Siret, l'époque de sa naissance serait inconnue et son décès aurait eu lieu dès 1660, suivant d'autres historiens en 1671.

(École hollandaise)

34. — La Meuse à Dordrecht. Clair de lune.

Les rives sont couvertes d'arbres, d'habitations et de constructions variées ; au premier plan, sur la berge, divers engins de pêche se voient parmi des herbes marécageuses ; sur la Meuse, des embarcations et des bateaux de diverses sortes.

Perspective très étendue.

Signé en bas du monogr.

B. — H., 0m,27. L., 0m,37.

NEER (Van der).

35. — L'hiver en Hollande.

Sur le bord d'un canal gelé, s'élèvent des maisons et une église, aux toits couverts de neige, et quelques arbres dépouillés ; des traîneaux et des patineurs glissent sur la glace ; plus loin, des villageois font une partie de boules.

T. — H., 0m,27. L., 0m,35.

OSTADE (Adriaan Van).

Né en 1610, mort en 1685.

(ECOLE HOLLANDAISE)

36. — Portrait de vieille femme.

Tableau connu sous le nom de *Portrait de la mère d'Ostade*.

Une femme âgée, la tête couverte d'une coiffe blanche et vêtue d'une robe de bure grise, est accoudée à une fenêtre, un dévidoir à la main.

Une plante grimpante étend son feuillage sur l'auvent qui surplombe la fenêtre.

Signé en bas, à droite : A. Ostade, 1640.

A été gravé. Collection Leroy d'Etiolles.

B. — H., 0m,27. L., 0m,21.

OSTADE (Isack Van).

Né en 1613, mort en 1654.

(ÉCOLE HOLLANDAISE)

37. — Intérieur d'artisans.

Une femme et un homme, assis sur un banc de bois, regardent une image qui les met fort en gaieté ; derrière eux, un autre personnage se récrie d'admiration. Près de la vieille femme une petite fille, derrière elle un enfant prenant son repas. Au premier plan, un buveur élève son verre et chante à plein gosier.

Au bas, à droite, la signature à moitié effacée : V. Ostade.

B. — H., 0m,22. L., 0m,17.

PŒLENBURG (Kornelis Van).

Né en 1586, mort en 1667.

(ÉCOLE HOLLANDAISE)

38. — L'Annonciation.

L'ange Gabriel, porté sur une nuée et tenant des lis à la main, adresse à Marie la Salutation angélique.

De petits anges ailés, dans les positions les plus variées, voltigent de toutes parts d'un air joyeux et planent au-dessus de la Vierge en lui jetant des fleurs.

Pœlenburg eut, de son temps, une renommée immense et Rubens professait la plus grande admiration pour son talent et pour ses œuvres. Le tableau qui nous occupe est une des productions les plus achevées qui soient sorties de son pinceau savant et délicat.

Signé du monogramme CP.

B. — H., 0m,47. L., 0m,36.

PYNACKER (Adam).

Né en 1621, mort en 1673.

(ÉCOLE HOLLANDAISE)

39. — Paysage italien.

Site montagneux, traversé par une route : à gauche, de grands arbres ; à droite, des arbres et des blocs de rochers.

Sur le bord du chemin, un pâtre cause avec une femme, un troisième personnage est assis à terre, auprès d'eux; dans la montagne, on voit une charrette traînée par des bœufs.

Signé, en bas, à gauche : Pynacker.

T. — H., 0m,65. L., 0m,92.

REMBRANDT VAN RYN (Attribué à).

Né en 1607, mort en 1669.

(ÉCOLE HOLLANDAISE)

40. — Tête de soudard.

C. — H., $0^m,21$. L., $0^m,17$.

RUBENS (PIERRE-PAUL).

Né en 1577, mort en 1640.

(ÉCOLE FLAMANDE)

41. — Danaë.

Une Danaë, aux formes opulentes, s'est soulevée sur sa couche et regarde amoureusement le maître des dieux, tout en recueillant dans un pan de sa draperie l'or qu'il fait pleuvoir sur elle ; un Amour, soutenu par l'aigle olympien, relève et retient le rideau du lit.

B. — H., $0^m,27$. L., $0^m,21$.

RUYSDAEL (JAKOB).

42. — Le pont de bois.

Sur la lisière d'un bois sombre, coule un ruisseau que traverse une passerelle rustique, menaçant ruine; le tronc d'un bouleau brisé par le vent est tombé sur la berge, en travers du ravin; deux vaches et trois chèvres, poussées par un pâtre, franchissent le petit pont. Dans le fond, à travers les arbres, on aperçoit une clairière.

Ciel nuageux.

Signé, en bas, à droite, du monogramme JR.

T. — H., 0m,65. L., 0m,70.

RUYSDAEL (JAKOB).

Né vers 1630, mort en 1681.

(ÉCOLE HOLLANDAISE)

43. — Paysage.

Un ruisseau, coulant entre des blocs de rochers, à travers un bois épais, vient tomber en cascade dans un cours d'eau; à droite et au centre, un grand bouquet d'arbres; à gauche, des arbres et des buissons.

Collection Tardieu.

T. — H., 0m,57. L., 0m,76.

SCHALKEN (Gottfried).

Né en 1643, mort en 1706.

(ÉCOLE HOLLANDAISE)

44. — Le piège.

Dans une cave, où sont déposées diverses provisions, un jeune garçon, un chandelier à la main, vient de relever une souricière et constate avec satisfaction qu'il a utilement tendu son piège.

B. — H., 0m,29. L., 0m,23.

SPAENDONCK (Corneille Van).

Né en 1756, mort en 1839.

(ÉCOLE HOLLANDAISE)

45. — Fleurs et fruits.

Des roses trémières, des campanules, des capucines et de belles roses cent feuilles, entremêlées de branches de vigne et de grappes de raisin, sont groupées dans une corbeille avec un ananas et des pêches. A côté, sur la console, on voit un nid d'oiseau, une figue ouverte et un melon du Nord. Perché au sommet d'un vase, un petit chardonneret chante à plein gosier.

Signé à droite, sur le marbre de la console : Corneille Van Spaendonck.

B. — H., 0m,59. L., 0m,47.

STEEN (JAN VAN)

Né en 1636, mort en 1689.

(ÉCOLE HOLLANDAISE)

46. — Le montreur de figures de cire.

Un colporteur à la mine effrontée exhibe de petites figures de cire, en présence de villageois ébahis ; son digne acolyte profite de la distraction générale pour fouiller la poche d'une brave femme qui, les lunettes sur le nez, s'extasie devant les merveilles étalées sous ses yeux : à gauche un larron d'une autre espèce goûte au lait qu'un homme transporte dans des seaux ; à une fenêtre, un paysan semble conter fleurette à une grosse fille, sans beaucoup s'occuper du spectacle.

Signé en haut, sur le cintre qui surmonte la fenêtre : Steen.

Première collection de Morny.

T. — H., 0m,66. L., 0m,53.

TAUNAY (NICOLAS-ANTOINE).

Né en 1755, mort en 1830.

(ÉCOLE FRANÇAISE)

47. — La parade.

Des acteurs forains, montés sur des tréteaux, font la parade devant un grand bâtiment de village, où ils se sont installés pour leurs représentations. A côté de l'estrade, un musicien joue de la mandoline; dans la coulisse, on voit un arlequin et un singe assis sur une échelle; au fond et à droite une assistance nombreuse, composée d'hommes, de femmes et d'enfants; un mendiant, à peine vêtu et s'appuyant sur des béquilles, prend sa part du spectacle.

T. — H., 0m,57. L., 0m,47.

TENIERS (David, le jeune).

Né en 1610, mort vers 1694.

(ÉCOLE FLAMANDE)

48. — Intérieur flamand.

Un fumeur, coiffé d'un béret rouge et tenant un cruchon, est assis sur un tabouret, près d'un escabeau où sont posés un pot à bière et du tabac; à droite, devant la cheminée, un groupe de cinq personnages dans des attitudes diverses; à gauche, dans la pénombre, deux buveurs attablés chantent joyeusement, tandis que du dehors un homme les regarde par la fenêtre.

B. — H., 0m,24. L., 0m,33.

TENIERS (David, le jeune).

Né en 1618, mort vers 1694.

(ÉCOLE FLAMANDE.)

49. — Intérieur flamand.

Un homme âgé, à l'air triste et soucieux, est assis, le coude appuyé sur une table et tenant un pot à bière sur son genou ; à côté de lui, sa femme le regarde avec sollicitude, en lui préparant son tabac ; à la porte, paraît une servante apportant un plat.

Signé, en bas, à gauche : D. TENIERS. F.

Panneau octogone.

B. — H., 0m,29. L., 0m,24.

TERBURG (Gérard).

Né en 1608, mort en 1681.

(ÉCOLE HOLLANDAISE.)

50. — Portrait.

Une jeune femme blonde, en robe de velours noir, est représentée debout, appuyée au dossier d'un fauteuil une rose à la main.

Signé à gauche, près du dossier du fauteuil, du monogramme CT.

Première collection de Morny.

T. — H., 0m,43. L., 0m,34.

TERBURG (Gérard).

?

51. — **Portrait.**

Une dame, habillée d'une robe de satin blanc et à demi drapée dans un manteau de satin bleu, est assise près d'une table ; un perroquet joue sur son bras. Sur la table, couverte d'un tapis rouge, est la cage de l'oiseau.

T. — H., 0m,40. L., 0m,33.

THULDEN (Théodore Van)

Né en 1607, mort vers 1676.

et

SNYDERS (Franz).

Né en 1579, mort en 1657.

(ÉCOLE FLAMANDE)

52. — **La chasse de Diane.**

La déesse, suivie de deux de ses nymphes et escortée de plusieurs personnages mythologiques armés pour la chasse, vient de décocher une flèche à un énorme sanglier, acculé dans sa bauge et qui vend chèrement sa vie, à en juger par les victimes dont il est entouré.

Des chiens, pleins d'ardeur, s'élancent à l'attaque, animés par un étrange piqueur, à figure de triton, qui sonne énergiquement de la trompe.

Galerie Northwick, de Londres.

B. — H., 0m,53. L., 0m,83.

UCHTERVELT (JACQUES).

(ÉCOLE HOLLANDAISE)

53. — La partie de cartes.

Une jeune dame, élégamment vêtue d'une robe de satin noir, et d'une jupe de satin blanc, est assise devant une table et joue aux cartes avec sa suivante.

A la porte, paraît une femme, apportant des oranges sur un plateau de cristal.

T. — H., 0m,49. L., 0m,43.

VELDE (ADRIAAN VAN DEN).

Né en 1639, mort en 1672.

(ÉCOLE HOLLANDAISE)

54. — Paysage.

Une route, assez régulièrement tracée, traverse une plaine et conduit à un bouquet de bois, près duquel on voit une chaumière. Sur le bord du chemin, un homme étendu à terre, fait sa méridienne ; un autre est assis ; des chiens sont auprès d'eux. A des plans plus éloignés, on aperçoit encore des figures et des animaux.

Signé, tout en bas, à gauche : A. V. Velde.

Paysage d'une grande justesse d'effet.

B. — H., 0m,28. L., 0m,38.

VELDE (Willem Van de).

Né en 1633, mort en 1707.

(École hollandaise)

55. — Marine.

Des bâtiments de guerre courent des bordées par une mer légèrement houleuse, pour doubler une estacade sur laquelle des hommes s'emploient au halage.

T. — H., 0m,35. L., 0m,45.

VERMEER (Jan, de Delft. — Attribué à).

Né vers 1632, ne vivait plus en 1696.

(École hollandaise)

56. — Le géographe.

Un savant, enveloppé dans une robe jaune et coiffé d'une toque grenat, travaille, assis devant une table, et mesure une distance sur une sphère placée près de lui.

B. — H., 0m,40. L., 0m,34.

VOYS (Ary ou Adrien de).

Né vers 1641 ; on ignore la date de sa mort.

(ÉCOLE HOLLANDAISE)

57. — L'odorat.

Une belle fille, dans tout l'épanouissement de sa luxuriante nature, fraiche et souriante, tient une rose de la main gauche. Elle est habillée de blanc, drapée avec une écharpe bleue.

Signé, tout en haut, à gauche.

C. — H., 0m,16. L., 0m,13.

VOS (Simon de).

Né en 1603, mort en 1676.

(ÉCOLE FLAMANDE)

58. — Portraits d'une mère et de son fils.

La mère, portant un costume sévère rehaussé par une collerette blanche, est assise dans un fauteuil ; à côté d'elle, debout, un jeune garçon.

T. — H., 0m,87. L., 0m,68.

WYNANTS (JAN).

Né en 1600, mort en 1677.

(ÉCOLE HOLLANDAISE)

59. — Paysage.

Une passerelle, jetée sur un canal dont les bords sont plantés d'arbres, donne accès dans une propriété particulière.

A droite, deux personnages se dirigent vers le petit pont; des cygnes nagent paisiblement dans la nappe d'eau du premier plan.

Signé, en bas, à droite.

Grande finesse d'exécution.

B. — H., 0^m,26. L., 0^m,20.

MOTTEROZ, Adm.-Direct. des Imp. réunies, A, rue Mignon, 2, Paris.

www.ingramcontent.com/pod-product-compliance
Ingram Content Group UK Ltd.
Pitfield, Milton Keynes, MK11 3LW, UK
UKHW022149170726
13837UKWH00004B/1868